T0246867

POSTRES
VEGANOS
FÁCILES

Guía de **ingredientes**

HARINAS

— **Harina de trigo común:** es la más comúnmente utilizada en la repostería y en algunas recetas de pan. Tiene una fuerza media y se utiliza en la mayoría de los productos horneados.

— **Harina de trigo de fuerza:** también conocida como harina de panadero, es una harina con un alto contenido en gluten y una fuerza alta o media. Esto significa que tiene la capacidad de retener el gas producido por la levadura, lo que permite que la masa se expanda y desarrolle una textura aireada y esponjosa. Esta harina es ideal para hacer panes, bollos y otros productos horneados que requieren una textura firme y elástica.

— **Harina de trigo integral:** se hace con el grano de trigo entero. Tiene un sabor más fuerte que la harina de trigo común. Debido a su alto contenido de fibra, requiere más líquido y más tiempo de cocción.

— **Harina de centeno:** es más densa que la harina de trigo y tiene un sabor más fuerte. Puede ser difícil de trabajar debido a su baja fuerza. Por ello, comúnmente se mezcla con otras harinas.

— **Harina de espelta:** es similar a la harina de trigo, pero tiene un sabor más suave y una textura más densa. Podemos encontrarla en su versión blanca o integral.

LEVADURAS

— **Levadura fresca:** también conocida como levadura fresca de panadería, se vende en forma de pequeños bloques o pastillas refrigeradas. Esta levadura se utiliza para hacer pan y otros productos horneados que necesitan levado. Es importante asegurarse de que la levadura esté fresca para obtener buenos resultados.

— **Levadura seca activa:** también conocida como levadura de panadería seca, se vende en sobres o frascos y se puede almacenar a temperatura ambiente. La levadura seca se activa cuando se mezcla con agua tibia y se utiliza para hacer pan y otros productos horneados. Es más fácil de almacenar y medir que la levadura fresca y puede requerir un tiempo de levado más corto. En este libro utilizaremos levadura seca, por ser más fácil de encontrar en tiendas.

— **Levadura en polvo:** también conocida como levadura química o polvo de hornear. A diferencia de las levaduras de panadería, la levadura química en polvo no requiere tiempo de levado para activarse. En su lugar, contiene una mezcla de bicarbonato de sodio, ácido tartárico y almidón que se activa cuando se mezcla con líquido y se expone al calor del horno. Se utiliza comúnmente en productos horneados como bizcochos, *muffins* y galletas. Es importante no utilizar demasiada levadura química en polvo, ya que puede dar lugar a un sabor metálico o a una textura gomosa en el producto horneado.

ENDULZANTES

— **Azúcar blanco:** es el endulzante más común en la repostería, ya que proporciona sabor, textura y volumen a los productos horneados. El azúcar no solo endulza los postres, sino que también afecta a la textura y a la humedad. En algunos casos, como en la preparación de merengue, el azúcar juega un papel crucial en la estructura del producto horneado, por lo que no puede ser sustituido por otro tipo de endulzante, como sirope o dátiles.

— **Azúcar moreno:** es un tipo de azúcar que se somete a un proceso mínimo de refinación, lo que le da su color marrón.

— **Panela o azúcar mascabado:** son dos tipos de azúcar muy similares. Ambos se elaboran a partir de jugo de caña de azúcar sin refinar. Tienen sabor a caramelo tostado. Hay que tener cuidado, sobre todo en productos horneados, ya que tienen una textura muy húmeda.

— **Siropes:** por ejemplo, el sirope de arroz, el sirope de arce o el sirope de agave. Es importante tener en cuenta que los siropes contienen más agua que los azúcares granulados, lo que puede afectar a la textura de los productos horneados.

— **Dátiles:** son una opción de endulzante natural y saludable. Se utilizan comúnmente para hacer pasteles y postres crudos. Los dátiles se pueden procesar en una pasta y se utilizan como sustituto del azúcar en algunas recetas.

MANTEQUILLA

— **Margarina:** se elabora a partir de aceites vegetales, como el aceite de soja o el aceite de girasol, y suele contener sal, emulsionantes y a veces aromas. Es importante tener en cuenta que la margarina puede tener una consistencia diferente a la de la mantequilla, por lo que puede no funcionar de la misma manera en todas las recetas.

— **Mantequilla vegana:** es una alternativa a la mantequilla tradicional hecha a base de ingredientes de origen vegetal. Al igual que la margarina, está elaborada con aceites vegetales, como aceite de coco o aceite de soja, y puede contener otros ingredientes como lecitina de soja, sal y saborizantes naturales. En frío tiene una consistencia más sólida que la margarina y un sabor más suave, por lo que es ideal para algunas recetas, como por ejemplo *cookies* o pastas.

En general, la elección entre margarina y mantequilla vegana dependerá de la receta. En caso de duda, puedes probar ambas opciones y elegir la mejor opción alternativa para cada receta.

OTROS INGREDIENTES

— **Semillas de lino:** actúan como aglutinante y tienen un alto contenido en ácidos grasos omega-3. En algunas recetas las encontraremos molidas y mezcladas con agua, como sustituto de huevo.

— **Crema de coco:** se obtiene de la leche de coco enlatada fría, al separar la capa gruesa y cremosa de la capa líquida. Esta crema de coco es una excelente alternativa vegana a la nata para montar. Es importante elegir una marca de leche de coco de alta calidad que no contenga aditivos innecesarios.

— **Aquafaba:** el más común es el de garbanzos. El aquafaba es el líquido viscoso que se encuentra en los botes de legumbres cocinadas. También podemos hacerlo en casa, guardando el líquido que se obtiene después de cocinar las legumbres. Se utiliza a menudo como un sustituto vegano de los huevos en la repostería vegana debido a su capacidad para actuar como un aglutinante y para emulsionar. Podríamos decir que en algunas recetas sustituye a las claras de huevo. En caso de utilizar botes de legumbres cocinadas, es importante que no contengan aditivos innecesarios, pero no importa si contienen sal.

— **Agar-agar:** proviene de las algas rojas y se utiliza como gelificante y espesante. Es importante tener en cuenta que el agar-agar es mucho más potente que la gelatina, por lo que se requiere una cantidad menor para lograr el mismo efecto.

Elaboraciones **básicas**

Leche vegetal
de **avena**

Podemos preparar leches vegetales de todo tipo. Aquí te enseño a preparar las que más utilizarás en tu día a día y en las recetas de este libro. La manera de prepararlas es muy parecida. A continuación, veremos en detalle cómo preparar bebida vegetal de avena.

INGREDIENTES

- 500 ml agua templada
- 60 g copos de avena
- Vainilla al gusto
- Una pizca de sal

PASOS

1. Vertemos el agua templada, los copos de avena, la sal y la vainilla en el vaso de la batidora.
2. Dejamos reposar durante 15 minutos.
3. Trituramos durante 3-5 minutos.
4. Dejamos reposar durante al menos 20 minutos.
5. Colamos con la ayuda de una gasa. En caso de no disponer de una, podemos pasarlo varias veces por un colador hasta obtener una textura fina.
6. Conservamos la bebida vegetal en la nevera hasta que vayamos a consumirla.

Aguantará perfectamente entre 3 y 5 días en la nevera.

A continuación, imágenes del paso a paso de la preparación...

Leche vegetal de avena

1. Ingredientes

2. Agua templada

3. Copos de avena

4. Sal

5. Vainilla

7. Filtrado

6. Triturado

8. Bebida resultante

Leche vegetal
de **soja**

- 50 g habas de soja
- 700 ml agua

- Vainilla al gusto
- Una pizca de sal

PASOS

1. Ponemos las habas de soja a remojo durante al menos una noche.
2. Trituramos las habas remojadas y el agua durante 5 minutos, hasta que queden pocos grumos.
3. Cocina la mezcla en una cazuela: llevamos a ebullición, bajamos el fuego y cocinamos durante 15 minutos a fuego medio.
4. Dejamos que la mezcla se atempere.
5. Colamos con la ayuda de una gasa. En caso de no disponer de una, podemos pasarlo varias veces por un colador hasta obtener una textura fina.
6. Conservamos la bebida vegetal en la nevera hasta que vayamos a consumirla.

Aguantará perfectamente entre 3 y 5 días en la nevera.
Ajusta la cantidad de agua dependiendo de la consistencia que quieras que tenga.

Leche vegetal
de **coco**

INGREDIENTES

- 700 ml agua templada
- 150 g coco rallado
- Una pizca de sal
- Un dátil (opcional)

PASOS

1. Vertemos el agua templada, el coco, la sal y el dátil sin hueso en el vaso de la batidora.
2. Dejamos reposar durante 30 minutos.
3. Trituramos durante 3-5 minutos.
4. Colamos con la ayuda de una gasa. En caso de no disponer de una, podemos pasarlo varias veces por un colador hasta obtener una textura fina.
5. Conservamos la bebida vegetal en la nevera hasta que vayamos a consumirla.

Aguantará perfectamente entre 3 y 5 días en la nevera.
¡Esta receta es ideal para dar un toque de sabor a nuestros postres!

Nata
montada

- 800 ml leche de coco en lata (al menos 80 % coco)
- 3 cdas. maicena
- 80 g azúcar glas
- ¼ cdta. vainilla en polvo o extracto de vainilla

PASOS

1. Guardamos la leche de coco en la nevera durante al menos 24 horas.
2. Cuando la leche de coco esté fría, separamos la parte sólida que queda en la superficie (crema de coco) de la líquida (agua de coco).
3. Mezclamos en un bol la crema de coco con el resto de los ingredientes.
4. Montamos la nata con la ayuda de una batidora de varillas eléctrica o un robot de cocina. Nos llevará aproximadamente 5 minutos.
5. Antes de utilizar la nata montada, la introducimos en la nevera durante al menos una noche, para que coja cuerpo.

Podemos usarla para decorar pasteles, rellenar bollos, acompañar tartas, preparar fresas con nata, etc.

Merengue
italiano

- 145 g aquafaba fría
- 1 cdta. zumo de limón

- 100 g azúcar glas

PASOS

1. Montamos el aquafaba con la ayuda de unas varillas eléctricas o robot de cocina, hasta que esté a punto de nieve. Este proceso nos llevará aproximadamente 10 minutos.
2. Añadimos el resto de los ingredientes y seguimos montando la mezcla durante 5 minutos.

Podemos usarla para decorar tartas, *cupcakes*, etc., o bien podemos colocar montoncitos de merengue en una bandeja de horno cubierta con papel de hornear y hornear a 150 °C durante 20-30 minutos (hasta que comiencen a dorarse), para obtener merenguitos.

Nota: Es importante que los utensilios que utilicemos estén limpios, o podremos tener problemas para montar el merengue.

Crema
pastelera

- 700 ml bebida vegetal de soja
- 115 g azúcar
- 75 g maicena
- ½ cdta. vainilla en polvo (o extracto o esencia de vainilla)
- ¼ cdta. sal

PASOS

1. Ponemos en una cazuela la bebida vegetal, la maicena, la sal y el azúcar.
2. Trituramos hasta integrar los ingredientes.
3. Calentamos la mezcla a fuego medio hasta que hierva. No paramos de remover.
4. Apagamos el fuego.
5. Dejamos que la mezcla se temple durante 15 minutos, removiendo de vez en cuando.
6. Añadimos la vainilla y mezclamos.
7. Vertemos la crema en un recipiente y enfriamos en la nevera durante una noche como mínimo.

Úsala para rellenar berlinas, como relleno de una tarta con frutas, etc.
Añade colorante amarillo para dar color a la crema. La cúrcuma es un colorante natural que funciona muy bien, pero también puedes utilizar un colorante artificial.

A continuación, imágenes del paso a paso de la preparación...

Crema pastelera

1. Ingredientes
2. Bebida vegetal
3. Maicena
4. Sal
5. Azúcar
6. Ingredientes en cazuela

7. Triturado

8. Cocción

9. Vainilla

10. Crema resultante

Caramelo
cremoso

- 200 g crema de coco (la parte sólida de una lata de leche de coco fría)
- 190 g azúcar
- 1 cda. margarina

PASOS

1. Calentamos el azúcar en un cazo a fuego medio removiendo a menudo con un utensilio de silicona o madera. Lo calentaremos hasta que se derrita y adquiera un color dorado. Este proceso nos llevará aproximadamente 10 minutos.
2. Con cuidado, añadimos la margarina y mezclamos.
3. Por último, agregamos la crema de coco y mezclamos. Seguimos cocinando durante 10 minutos removiendo a menudo.
4. Apagamos el fuego y dejamos que temple.
5. Vertemos el caramelo en un recipiente y lo introducimos en la nevera durante al menos una noche.

Podemos usarla para decorar cualquier preparación dulce, como relleno de galletas, con fruta o tostadas, etc.

Nota: El azúcar alcanza muy altas temperaturas, por lo que es muy importante trabajarlo con cuidado.

Mermelada
de **arándanos**

- 100 g fruta fresca o congelada
- 2 g agar-agar
- 15 g azúcar blanco o cualquier otro endulzante

PASOS

1. Ponemos la fruta en una cazuela y cubrimos con el doble de agua (en volumen).
2. Añadimos el azúcar y mezclamos.
3. Cocinamos a fuego medio durante 30 minutos, removiendo de vez en cuando.
4. Retiramos la cazuela del fuego.
5. En un vasito, mezclamos el agar-agar con 10 ml de agua fría y añadimos a la cazuela.
6. Mezclamos y, sin parar de remover, devolvemos el cazo al fuego.
7. Encendemos el fuego al máximo y llevamos a ebullición.
8. En cuanto vuelva a hervir, retiramos el cazo del fuego y dejamos enfriar.

Podemos usarla para rellenar dónuts, en tostadas o para decorar tartas.

Coulis
de **fresa**

INGREDIENTES

- 80 g fresas frescas o congeladas
- 30 ml agua fría
- 15 g azúcar glas o sirope

PASOS

1. Introducimos todos los ingredientes en el vaso de la batidora.
2. Trituramos hasta obtener una textura cremosa y sin grumos.
3. Opcionalmente, podemos cortar unas fresas en trocitos y añadirlas a la mezcla anterior.

Podemos usarlo para rellenar dónuts, en tostadas o para decorar tartas.

Galletas

Galletas
«granola»

INGREDIENTES
(para 20 galletas)

- 125 g cacahuetes
- 170 g copos de avena
- 15 g semillas de sésamo
- 15 g almendras
- 15 g pistachos
- 15 g coco deshidratado en copos

- 115 g dátiles (sin hueso)
- 45 g aceite de oliva suave
- 40 ml bebida vegetal de soja
- 45 g crema de cacahuete
- Una pizca de sal

PASOS

1. Comenzamos picando los cacahuetes, las almendras y los pistachos hasta obtener trocitos pequeños, pero sin llegar a reducirlos a polvo. Lo hacemos con la ayuda de una picadora o procesador de alimentos.

2. En el vaso de la batidora, mezclamos los dátiles, la crema de cacahuete, el aceite de oliva, la bebida vegetal y la pizca de sal. Trituramos con la batidora hasta obtener una mezcla cremosa.

3. En un cuenco, mezclamos los frutos secos, los copos de avena, las semillas de sésamo, el coco y la mezcla líquida. Lo hacemos con la ayuda de una cuchara o espátula.

4. Precalentamos el horno a 180 °C.

5. Cubrimos dos bandejas de horno con papel vegetal y formamos las galletas que colocaremos sobre ellas. Para ello, cogemos una bolita de masa, de unos 25 g de peso, y la aplastamos sobre el papel vegetal dándole forma de galleta.

6. Bajamos la temperatura del horno a 160 °C y horneamos las galletas durante 45 minutos o hasta que queden doradas. El tiempo de horneado dependerá de muchos factores, por lo que deberás confiar en tu intuición. En este caso, bastará con retirar las galletas del horno si vemos que empiezan a quemarse. De esta manera, quedarán muy crujientes.

7. Dejamos enfriar.

Cookies
clásicas

INGREDIENTES
(para 6 *cookies*)

- 130 g harina de trigo
- 35 g azúcar moreno
- 35 g azúcar blanco
- 60 g margarina
- 50 g pepitas de chocolate negro

- 1 cdta. semillas de lino molidas
- ¼ cdta. extracto de vainilla o 1 cda. esencia de vainilla
- 1 cdta. levadura química en polvo
- ¼ cdta. sal

PASOS

1. Mezclamos el lino molido con 2 cucharadas de agua y dejamos reposar 10 minutos. De esta forma obtendremos un «huevo de lino».
2. Batimos la margarina con el azúcar blanco y el azúcar moreno, con la ayuda de unas varillas eléctricas, durante 5 minutos.
3. Añadimos la sal, el huevo de lino, la vainilla, y seguimos batiendo durante 3 minutos más.
4. Añadimos la harina y la levadura. Mezclamos con movimientos envolventes, con una espátula o cuchara de madera.
5. Añadimos las pepitas de chocolate y volvemos a mezclar hasta que queden integradas en la masa.
6. Forramos una bandeja de horno con papel vegetal y colocamos bolitas de masa sobre ella, dejando un espacio de unos 5 cm entre cada una. Una manera muy sencilla de hacerlo es utilizando una cuchara de servir helado. Llenamos la cuchara hasta la mitad y colocamos la bolita sobre la bandeja de horno.
7. Horneamos las galletas a 180 °C durante 20 minutos.
8. Dejamos que se atemperen a temperatura ambiente.

Truco: Espolvorea con escamas de sal para potenciar el sabor de la *cookie*.

Si quieres que la *cookie* quede completamente crujiente, hornea a 170 °C durante 35 minutos.

Cookies clásicas

1. Lino molido
2. Agua
3. Huevo de lino
4. Margarina y azúcar
5. Inicio del batido
6. Fin del batido
7. Sal
8. Huevo de lino
9. Vainilla

10. Levadura

11. Harina

12. Mezclado

13. Pepitas de chocolate

14. Mezclado

15. Porción de masa

16. Porciones sobre la bandeja de horno

17. Resultado

18. Sal en escamas

Cookies
de avena

- 175 g harina de trigo
- 100 g azúcar moreno
- 70 g azúcar blanco
- 140 g mantequilla vegana*
- 100 g copos de avena
- 100 g pepitas de chocolate negro

- 1 cda. semillas de lino molidas
- ¼ cdta. extracto de vainilla
  o 1 cda. esencia de vainilla
- 1 cdta. levadura química en polvo
- ½ cdta. sal

PASOS

1. Sacamos la mantequilla de la nevera media hora antes de empezar la receta. De esta manera será más fácil manejarla.
2. En un vaso, mezclamos el lino molido con 2 cucharadas de agua y dejamos reposar 10 minutos.
3. Batimos la mantequilla en un bol, con la ayuda de unas varillas eléctricas, durante 5 minutos. Añadimos el azúcar blanco, el azúcar moreno, la sal y la vainilla y seguimos batiendo durante 3 minutos más. Incorporamos el huevo de lino y mezclamos.
4. Poco a poco, añadimos la harina, la avena, la levadura y las pepitas de chocolate. Mezclamos con movimientos envolventes, con una espátula o cuchara de madera.
5. Forramos una bandeja de horno con papel vegetal y colocamos bolitas de masa sobre ella, dejando un espacio de unos 5 cm entre cada una. Una manera muy sencilla de hacerlo es utilizando una cuchara de servir helado. Llenamos la cuchara hasta la mitad y colocamos la bolita sobre la bandeja de horno (llenaremos dos bandejas).
6. Horneamos las galletas a 180 °C durante 15 minutos. Sacamos del horno, dejamos enfriar 2 minutos y redondeamos las galletas con la ayuda de un cortador de galletas, colocando la galleta dentro del molde circular y haciéndola girar.
7. Dejamos que terminen de enfriarse sobre una rejilla… y listas para disfrutar.

Podemos sustituir la mantequilla vegana por margarina, pero el resultado variará un poco.

Cookies
brownie

INGREDIENTES
(para 6 *cookies*)

- 100 g harina de trigo
- 30 g cacao en polvo
- 35 g azúcar moreno
- 15 g azúcar blanco
- 60 g margarina
- 35 g chocolate negro
- 20 g nueces
- 2 cdas. yogur natural
- ¼ cdta. extracto de vainilla o 1 cda. esencia de vainilla
- 1 cdta. levadura química en polvo
- ¼ cdta. sal

PASOS

1. Batimos la margarina con el azúcar blanco y el azúcar moreno, con la ayuda de unas varillas eléctricas, durante 5 minutos.
2. Añadimos la sal, el yogur, la vainilla, y seguimos batiendo durante 3 minutos más.
3. Añadimos el cacao, la harina y la levadura. Mezclamos con movimientos envolventes, con una espátula o cuchara de madera.
4. Añadimos el chocolate y las nueces en trocitos y volvemos a mezclar.
5. Forramos una bandeja de horno con papel vegetal y colocamos bolitas de masa sobre ella, dejando un espacio de unos 5 cm entre cada una. Una manera muy sencilla de hacerlo es utilizando una cuchara de servir helado. Llenamos la cuchara hasta la mitad y colocamos la bolita sobre la bandeja de horno.
6. Aplastamos un poco las bolitas.
7. Para que queden más bonitas, colocamos algunos trozos de chocolate y nueces sobre las *cookies*.
8. Horneamos las galletas a 180 °C durante 15 minutos.
9. Dejamos que se enfríen un poco a temperatura ambiente.

Galletas
de almendra y naranja

INGREDIENTES
(para 6 *cookies*)

- 140 g harina de trigo
- 50 g azúcar blanco
- 65 g margarina
- 20 g almendras

- 3 cdas. yogur natural
- Ralladura de media naranja
- 1 cdta. levadura química en polvo
- Una pizca de sal

PASOS

1. Mezclamos el azúcar y la ralladura de naranja. Masajeamos con los dedos hasta que el azúcar se vuelva de color naranja. De esta manera extraemos los aceites esenciales de la piel de naranja.
2. Batimos la margarina con el azúcar anterior, con la ayuda de unas varillas eléctricas, durante 5 minutos.
3. Añadimos la sal y el yogur y seguimos batiendo durante 3 minutos más.
4. Añadimos la harina y la levadura. Mezclamos con movimientos envolventes, con una espátula o cuchara de madera.
5. Añadimos las almendras y volvemos a mezclar.
6. Forramos una bandeja de horno con papel vegetal y colocamos bolitas de masa sobre ella, dejando un espacio de unos 5 cm entre cada una. Una manera muy sencilla de hacerlo es utilizando una cuchara de servir helado. Llenamos la cuchara hasta la mitad y colocamos la bolita sobre la bandeja de horno.
7. Aplastamos las bolitas un poco.
8. Para que queden más bonitas, colocamos algunos trozos de almendras sobre las *cookies*.
9. Horneamos a 180 °C durante 20 minutos.
10. Dejamos que se enfríen un poco a temperatura ambiente.

Galletas de almendra y naranja

1. Azúcar y ralladura de naranja
2. Batido con varillas
3. Yogur y sal
4. Resultado tras batido
5. Harina
6. Levadura
7. Mezclado
8. Almendras

9. Porción de masa

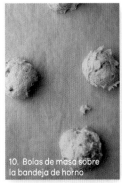

10. Bolas de masa sobre la bandeja de horno

11. Decoración con almendra

12. Antes del horneado

13. Resultado final

Soletillas

INGREDIENTES
(para 30 soletillas)

- 140 g aquafaba fría
- 125 g azúcar glas
- ½ cdta. zumo de limón
- 250 g harina de trigo

- 45 g aceite de oliva suave
- 95 ml bebida vegetal de soja
- 1 cdta. levadura química en polvo

PASOS

1. Precalentamos el horno a 180 °C.
2. En un bol de cocina batimos la aquafaba, con la ayuda de unas varillas eléctricas, durante 5 minutos.
3. Añadimos el azúcar glas y seguimos batiendo durante 3 minutos. Debería alcanzar el punto de nieve (si volcamos el bol, la mezcla no debería caerse). Si lo hace, seguimos batiendo.
4. En otro bol, mezclamos el resto de los ingredientes con una espátula o cuchara de cocina.
5. Poco a poco, incorporamos la aquafaba a punto de nieve a la mezcla anterior. Esto lo haremos en 4-5 tandas y mezclando con movimientos envolventes, sin prisa, tratando de no aplastar la masa, para que quede aireada.
6. Colocamos papel de hornear sobre una bandeja de horno.
7. Con la ayuda de una manga pastelera o bolsita de plástico con un agujero, echamos la masa sobre la bandeja de horno, tratando de hacer forma de dedo. Dejamos separación de unos 2 cm entre galletas.
8. Horneamos a 180 °C durante 18 minutos. Sacamos del horno cuando los bordes empiecen a dorarse.
9. Dejamos enfriar sobre una rejilla.

Nota: Existen moldes de soletillas, los cuales recomiendo muchísimo utilizar para esta receta.

Pastas de té
con mermelada

INGREDIENTES
(para 15 pastas)

- 200 g harina
- 90 g margarina
- 40 g bebida vegetal
- 4 cdas. azúcar
- ¼ cdta. sal
- Mermelada de arándanos
  (véase página 42)

PASOS

1. Ponemos la harina, la sal, el azúcar, la margarina y la bebida vegetal en un bol.
2. Batimos con la ayuda de unas varillas eléctricas hasta que veamos que los trocitos de masa empiezan a pegarse entre ellos.
3. Formamos una bola con la masa resultante, envolvemos en papel film y llevamos al frigorífico durante al menos 30 minutos.
4. Enharinamos una superficie de trabajo y, con la ayuda de un rodillo, aplanamos la masa hasta obtener un grosor de 1 cm.
5. Formamos las galletas con la ayuda de un molde para cortar galletas y las colocamos sobre una bandeja de horno forrada con papel vegetal.
6. Presionamos con una cuchara en el interior de cada galleta. De esta forma, crearemos espacio para la mermelada.
7. Horneamos las galletas a 180 °C durante 20 minutos o hasta que comiencen a dorarse.
8. Mientras se hornean las galletas, preparamos la mermelada.
9. Dejamos enfriar la mermelada y las pastas antes de montarlas.
10. Una vez estén frías, colocamos mermelada en el centro de cada galleta.
11. Por último, espolvoreamos azúcar glas sobre las pastas.

Pastas de coco
con caramelo

- 220 g harina
- 80 g aceite de coco
- 50 g bebida vegetal
- 4 cdas. azúcar

- ¼ cdta. sal
- Caramelo cremoso (*véase página 41*)

PASOS

1. Ponemos la harina, la sal, el azúcar, el aceite de coco derretido y la bebida vegetal en un bol.
2. Batimos con la ayuda de unas varillas eléctricas hasta que veamos que los trocitos de masa empiezan a pegarse entre ellos.
3. Formamos una bola con la masa resultante.
4. Enharinamos una superficie de trabajo y, con la ayuda de un rodillo, aplanamos la masa hasta obtener un grosor de 1 cm.
5. Formamos las galletas con la ayuda de un molde para cortar galletas y las colocamos sobre una bandeja de horno forrada con papel vegetal.
6. Con la ayuda de un cuchillo o de un cortador de galletas de menor tamaño, quitamos el centro de la mitad de las galletas; dejamos así un hueco por el que saldrá el caramelo.
7. Horneamos las galletas a 180 °C durante 20 minutos o hasta que comiencen a dorarse.
8. Mientras se hornean las galletas, preparamos el caramelo.
9. Dejamos enfriar el caramelo y las galletas antes de montarlas. Lo ideal, pero no imprescindible, es guardar el caramelo en la nevera durante toda la noche.
10. Una vez estén frías, cogemos una galleta sin agujero, esparcimos media cucharadita de caramelo sobre ella y terminamos colocando una pasta con agujero encima. Repetimos este paso con el resto de las galletas.
11. Por último, espolvoreamos coco rallado sobre las galletas.

Sin horno

Mousse
de chocolate

INGREDIENTES
(para 3 raciones)

- 50 g aquafaba fría
- 100 g chocolate 75 %
- 20 g azúcar glas
- 100 ml bebida vegetal de soja
- Una pizca de sal

PASOS

1. En un bol de cocina, batimos la aquafaba con la ayuda de unas varillas eléctricas durante 5-10 minutos.
2. Añadimos el azúcar glas y seguimos batiendo durante 5 minutos. Debería alcanzar el punto de nieve, como si fuera merengue (*véase página 35*). Si no lo hace, seguimos batiendo.
3. Vertemos la bebida vegetal en un cazo y calentamos a fuego bajo.
4. Añadimos el chocolate y la sal al cazo. Cuando el chocolate comience a derretirse, retiramos el cazo del fuego y removemos hasta que se haya derretido por completo. De esta manera, obtendremos una mezcla que estará casi a temperatura ambiente.
5. Poco a poco, agregamos la mezcla de chocolate al bol donde se encontraba el merengue de aquafaba. Mezclamos con la ayuda de una espátula o cuchara con movimientos envolventes. Esto lo haremos sin prisa, para evitar que se vayan las burbujas.
6. Servimos la *mousse* en vasitos o cuencos pequeños y guardamos en la nevera durante al menos 8 horas.
7. Pasado este tiempo, la *mousse* habrá solidificado y estará lista para disfrutar.

Natillas

INGREDIENTES
(para 6 raciones)

- 1 litro bebida vegetal de soja
- 40 g maicena
- 75 g azúcar blanco o sirope

- 1/2 cdta. extracto de vainilla
  o 2 cdas. esencia de vainilla
- Una pizca de cúrcuma o colorante
  artificial naranja

PASOS

1. Mezclamos 100 ml de bebida vegetal con la maicena y reservamos.
2. Mezclamos 10 ml de bebida vegetal con la cúrcuma.
3. Calentamos el resto de la bebida vegetal en una cazuela, hasta que rompa a hervir.
4. Retiramos del fuego, añadimos la maicena y la vainilla y devolvemos la cazuela al fuego.
5. Cuando la mezcla vuelva a hervir, bajamos el fuego y cocinamos a fuego medio durante 5 minutos sin parar de remover.
6. Apagamos el fuego, añadimos el azúcar y la cúrcuma y seguimos removiendo con el calor residual durante 2 minutos.
7. Vertemos la mezcla en vasitos o tazas. Podemos colocar una galleta en la superficie.
8. Dejamos enfriar durante al menos una noche.

Tortitas

- 170 g harina de trigo
- 30 g maicena
- 15 g azúcar
- 1,5 cdtas. levadura química en polvo
- 200 ml bebida vegetal de soja
- 1 cda. vinagre de manzana
- 60 g yogur de soja
- 5 g aceite de oliva suave
- Vainilla al gusto
- Una pizca de sal

PASOS

1. Empezamos preparando el *buttermilk*. Mezclamos la bebida vegetal con el vinagre y dejamos reposar durante 10 minutos hasta que espese y se corte.

El suero de leche, o *buttermilk* en inglés, es el líquido que se obtiene en la elaboración de la mantequilla, aunque podemos prepararlo en casa de manera muy sencilla mezclando leche y zumo de limón o vinagre. En la repostería se utiliza principalmente para dar sabor y como agente leudante.

El suero de leche actúa como un agente leudante debido a su contenido de ácido láctico. Cuando se combina con bicarbonato de sodio u otro agente leudante como la levadura química en polvo, crea dióxido de carbono, lo que ayuda a que la masa suba y se vuelva más esponjosa. Esto es muy útil en postres como pasteles, galletas o tortitas, donde buscamos una textura aireada.

El suero de leche también aporta un sabor característico. Tiene un sabor ligeramente ácido y cremoso que puede mejorar el sabor general de los postres, especialmente en combinación con otros ingredientes como frutas, vainilla o chocolate.

Podemos usarlo en una gran variedad de recetas. En este caso, vamos a aprender a utilizarlo en nuestra receta de tortitas, pero podemos usarlo en *muffins*, bizcochos, pasteles o incluso panes. Simplemente agregamos un poco de vinagre a la bebida vegetal que utilice la receta y ya estará lista para llevar nuestros postres a otro nivel.

2. Mezclamos el *buttermilk* con el yogur, el aceite y la vainilla.
3. En otro recipiente, mezclamos la harina, la maicena, el azúcar, la sal y la levadura.
4. Agregamos la mezcla líquida y mezclamos con la ayuda de una espátula hasta obtener una textura suave.
5. Reservamos unos minutos. Veremos que la masa burbujea un poco.
6. Calentamos a fuego medio-bajo un chorrito de aceite en una sartén.
7. Ponemos un poco de masa en la sartén, echando la masa en un mismo punto y dejando que se expanda. Después, con una cuchara, acabaremos de extenderla hasta que tome forma redonda.
8. Cocinamos la tortita hasta que aparezcan pequeñas burbujas en la superficie.
9. Volteamos la tortita y cocinamos durante 3 minutos más.
10. Repetimos los últimos pasos hasta terminar con la masa.
11. Servimos con sirope de arce y fruta fresca.

Panna cotta
de dulce de leche

INGREDIENTES
(para 2 *panna cotas*)

- 700 ml bebida vegetal de coco
- 4 cdtas. azúcar moreno

- ½ cdta. agar-agar
- Una pizca de sal

PASOS

1. Empezamos haciendo el dulce de leche. En un cazo, mezclamos 200 ml de la bebida vegetal de coco con el azúcar moreno.
2. Llevamos a ebullición y dejamos que hierva durante 10 minutos, sin parar de remover.
3. Sacamos la mitad del dulce de leche del cazo y reservamos.
4. Añadimos el resto de la bebida vegetal al cazo y dejamos que se cocine a fuego medio durante 20 minutos, removiendo de vez en cuando.
5. En un vaso, mezclamos un chorrito de agua fría con el agar-agar.
6. Removemos y añadimos al cazo.
7. Sin parar de remover, llevamos la mezcla a ebullición. En cuanto hierva, apagamos el fuego y lo apartamos. Seguimos removiendo durante unos minutos más y repartimos la mezcla en moldes de flan o en tacitas del tamaño que queramos.
8. Dejamos que enfríe durante toda la noche y lo servimos con el dulce de leche que habíamos reservado.

Café Dalgona

(para 3 cafés)

- 3 cdtas. café soluble
- 3 cdtas. agua muy caliente
- 3 cdtas. azúcar blanco
- 300 ml bebida vegetal

PASOS

1. Ponemos el café, el azúcar y el agua en un bol de cocina.
2. Batimos con la ayuda de unas varillas eléctricas, hasta obtener una crema aireada y firme.
3. Servimos la bebida vegetal en un vaso. Si queremos un café fresquito, la servimos con hielos.
4. Por último, añadimos la crema de café por encima.

Arroz con leche

- 120 g arroz redondo
- 500 ml agua
- Una ramita de canela
- Piel de naranja
- Piel de limón

- Vainilla al gusto
- 1 litro bebida vegetal de soja
- 100 g azúcar blanco
- 30 g margarina
- Una pizca de sal

PASOS

1. Cocemos el arroz con el agua en una cazuela a fuego medio durante 15 minutos, con cuidado de que no se evapore toda el agua. Queremos que los granos de arroz se rompan. Removemos a menudo para que no se pegue.
2. Añadimos la rama de canela, las pieles de limón y naranja, la esencia de vainilla y la bebida vegetal.
3. Llevamos la mezcla ebullición y, 5 minutos después, retiramos la canela y las pieles de naranja y limón.
4. Seguimos cocinando a fuego bajo durante 50 minutos, removiendo de vez en cuando.
5. Añadimos el azúcar, la sal y la margarina y mezclamos.
6. Apagamos el fuego, servimos en cuencos y dejamos enfriar.
7. Antes de servir el arroz con leche, espolvoreamos canela y azúcar moreno.

Masas

Masas

¿Qué necesito saber para preparar masas dulces en casa?

Lo primero que debes saber antes de empezar es que no hay una única manera de hacer tus propias masas en casa. A medida que vayas adentrándote en este maravilloso mundo, entenderás que hay muchas formas de conseguir una masa deliciosa sin dejarte la piel en ello. Aprenderás a «escuchar» a tu masa, a dejarte llevar por tus sensaciones, y serás capaz de crear tus propias recetas y ajustar recetas de otras fuentes.

El paso que más miedo suele generar a la hora de lanzarnos a preparar nuestras masas en casa es, sin duda, el amasado. No haberlo hecho nunca y no saber cuál es la manera correcta de manipular la masa o desconocer cuándo dar por finalizado este paso son algunas de las dudas que nos surgen. Sin embargo, si entendemos los conceptos básicos y los aplicamos, el amasado no será más que un pequeño escalón en el camino hacia nuestro ansiado dulce. Es más, cuando hayas cogido un poco de práctica, verás que este no es un paso que vaya a estropear el resultado final.

Antes de empezar

Tomarnos nuestro tiempo antes de empezar una receta de masas es muy importante. Al igual que en otras recetas, deberíamos revisar si tenemos todos los ingredientes necesarios para llevarla a cabo. Parece obvio, pero, cuantas menos distracciones tengamos una vez empecemos a cocinar, más sencillo nos resultará seguir el hilo conductor de la receta. Además, pesar y dejar preparados cada uno de los ingredientes que vayamos a utilizar también nos ayudará a tener éxito.

Por otro lado, algo que realmente me ayuda mucho a realizar mis masas con éxito es planificar los tiempos antes de ponerme «manos a la masa». Las masas necesitan tiempos de reposo que pueden variar en función de la temperatura ambiente o incluso de la marca de los ingredientes que utilicemos. Por ello, lo ideal es que hagamos un pequeño cálculo antes de empezar y, así, nos aseguraremos de no dejar la receta a medias o de no terminar horneando de madrugada.

1. Activar tu levadura

Lo primero que debemos tener claro es que este paso no es necesario pero evitará que nuestra masa fracase por utilizar una levadura «muerta» e inactiva. Si hemos comprado nuestra levadura recientemente o si la utilizamos habitualmente, seguramente podremos saltarnos este paso. Sin embargo, si no hemos conservado nuestra levadura de manera adecuada, puede que esta haya muerto y, por lo tanto, nuestra masa no aumentará su volumen.

Activación de la levadura para comprobar que está viva y lista para ser usada.

Temperatura bebida vegetal

Incorporación de la levadura

La buena noticia es que este paso tan solo nos llevará 10 minutos. Para activar la levadura, pondremos la bebida vegetal que vayamos a utilizar para la receta en una taza y la calentaremos durante 10 segundos en el microondas. Si disponemos de un termómetro, calentaremos hasta que la bebida vegetal alcance 27 °C. Después añadiremos una cucharadita de azúcar y la cantidad de levadura seca que indique la receta. Mezclaremos y esperaremos 10 minutos. Es muy importante no pasarnos de temperatura, ya que la levadura puede morir a partir de los 50 °C.

Pasados 10 minutos, se debería haber formado una capa de espuma cremosa. Esto significa que nuestra levadura está en perfecto estado y que podemos pasar a mezclarla con otros ingredientes.

2. Mezclar los ingredientes iniciales

Una vez hayamos comprobado que nuestra levadura está en buen estado, es hora de mezclar los ingredientes de la masa. Comenzaremos conociendo algunos de los ingredientes básicos que irán en nuestras masas:

Harina. El ingrediente principal de nuestra masa. En el caso de las masas dulces, al contener azúcares y grasas, necesitaremos harinas «fuertes». En general, utilizaremos harina de fuerza o gran fuerza (>12 % proteína).

Proceso de activación

Levadura activa

Azúcar. Puesto que vamos a trabajar con masas dulces, todas nuestras recetas llevarán un ingrediente endulzante, como por ejemplo azúcar. El azúcar aporta dulzor a nuestras elaboraciones, alimenta nuestra levadura, ayudando así a que nuestras masas adquieran mayor volumen, y actúa como inhibidor del desarrollo del gluten, lo cual hará que obtengamos masas más suaves.

Sal. Siempre añadiremos sal a nuestras masas. La sal es un excelente potenciador del sabor y un gran conservante que hará que nuestras masas se conserven frescas durante más tiempo.

Además, la sal contribuirá a obtener masas más tenaces y rígidas. Por otro lado, la sal retarda el proceso de fermentación. Una fermentación lenta mejorará la calidad de la masa.

Hay que tener en cuenta que, si retrasamos la incorporación de la sal, nos resultará más sencillo amasar. Por ello, no la añadiremos al inicio.

Grasa. Las grasas aportan suavidad a nuestras masas, potencian un color dorado y aportan jugosidad. Como grasas, podemos utilizar tanto margarina como aceite de oliva. Ambas grasas funcionan perfectamente, pero, dependiendo del resultado final que estemos buscando, utilizaremos una u otra. El aceite nos ayudará a conseguir bollos más aireados y uniformes y la margarina dará como resultado una miga más densa, pero igualmente tierna.

Hay que tener en cuenta que la grasa dificulta el desarrollo del gluten. Por ello, cuando vayamos a añadir grandes cantidades de grasa, lo mejor será que lo hagamos después de haber amasado durante 5-10 minutos. De esta forma, el gluten ya se habrá desarrollado y conseguiremos una masa igualmente aireada. Como norma general, evitaremos añadir una gran cantidad de grasa desde el inicio de la elaboración.

Entonces, ¿qué ingredientes añadiremos en un primer mezclado?

Mezclaremos la harina y el azúcar en un bol y haremos un pequeño hueco en el centro. En este hueco añadiremos la bebida vegetal junto con la levadura previamente activada. También podemos añadir una parte de la grasa que vaya a tener nuestra masa. Por ejemplo, si nuestra receta lleva aceite de oliva y margarina, podríamos añadir el aceite de oliva.

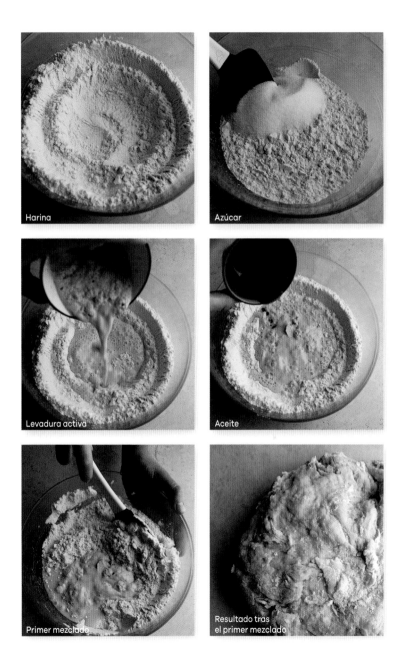

Harina

Azúcar

Levadura activa

Aceite

Primer mezclado

Resultado tras
el primer mezclado

Este paso nos facilitará la posterior incorporación del resto de la grasa. Por último, mezclaremos con una espátula o cuchara hasta que los ingredientes se hayan integrado casi por completo. Este será el momento en el que pondremos nuestra masa en una superficie de trabajo, como puede ser la encimera de la cocina. Más adelante añadiremos el resto de los ingredientes.

3. Amasado y fermentación

Cuando hayamos terminado el mezclado inicial de los ingredientes, daremos paso al amasado. Gracias a este proceso obtendremos una masa lisa y elástica.

Amasado. Antes de comenzar a amasar, dejaremos que la masa repose 5 minutos. Lo primero que debemos saber es que el reposo es tan importante como el amasado. El reposo ayuda a que los ingredientes se asienten y el gluten se desarrolle y relaja la masa, por lo que después nos resultará más sencillo manipularla.

Una vez la masa ha reposado, comenzamos a amasar. Una manera muy sencilla de hacerlo es por medio de pliegues. Esta técnica se basa en estirar la masa, plegarla sobre sí misma y presionar con las manos. El procedimiento es el siguiente: colocamos la masa sobre una superficie de trabajo limpia, agarramos con las manos un extremo de la masa, estiramos lo máximo que podamos sin llegar a desgarrarla, la plegamos sobre sí misma y presionamos en dirección hacia la superficie de trabajo y hacia el frente, haciendo rodar la masa ligeramente. Giramos la masa 90° y repetimos el procedimiento anterior.

Seguimos amasando durante 5 minutos y realizamos nuestro primer reposo de 5-10 minutos. Simplemente dejamos que la masa se asiente sobre la superficie de trabajo. Podemos cubrir con un paño de cocina para evitar que se seque.

A continuación, añadimos la sal. La distribuimos sobre la superficie de la masa y seguimos amasando durante 5 minutos. Realizamos otro reposo de 10 minutos y preparamos la masa para añadir la grasa. En este caso, añadiremos margarina.

Integrar la grasa en nuestra masa puede que sea el paso más complicado del proceso. Si lo hacemos poco a poco y sin agobiarnos, terminará resultándonos un paso muy gratificante. La masa irá adquiriendo

93

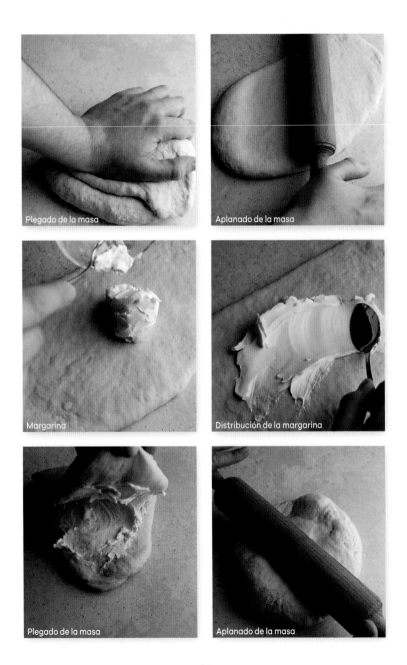

Plegado de la masa

Aplanado de la masa

Margarina

Distribución de la margarina

Plegado de la masa

Aplanado de la masa

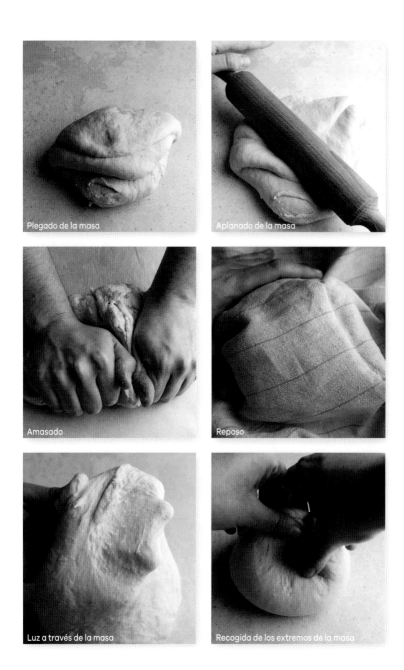

Plegado de la masa

Aplanado de la masa

Amasado

Reposo

Luz a través de la masa

Recogida de los extremos de la masa

Boleado de la masa

Boleado de la masa

Bola de masa engrasada

Primera fermentación

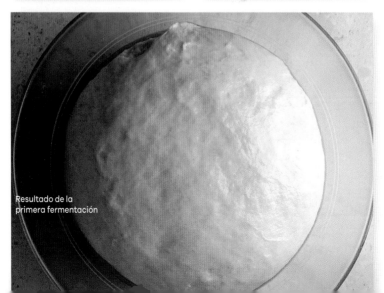
Resultado de la
primera fermentación

otra textura y se volverá más manejable, así que, sobre todo las primeras veces, trata de tomártelo con calma.

Antes de añadir la margarina, aplanamos la masa con la ayuda de un rodillo, hasta obtener un grosor de unos 10-12 mm. Ponemos la margarina sobre la masa y la distribuimos sobre la superficie. A continuación, tenemos dos opciones: mancharnos las manos desde el primer momento o recurrir a la ayuda del rodillo durante los primeros minutos de amasado. De cualquier manera, amasaremos con la técnica de pliegues. Si decidimos ayudarnos con el rodillo, plegaremos la masa sobre sí misma y, en lugar de aplastarla con las manos, la aplastaremos con el rodillo hasta que sea lo suficientemente grande como para realizar otro pliegue. Tras 5 minutos amasando, realizamos un reposo de 5-10 minutos.

Una vez la masa ha reposado, seguimos amasando, pero esta vez con las manos. Seguramente este será el último amasado que tengamos que realizar, pero puedes realizar todos los que sean necesarios, hasta conseguir el resultado deseado.

Pero ¿cómo saber cuándo he terminado de amasar? Tras el último amasado, realizamos un último reposo de unos 5 minutos. Pasado este tiempo, comprobamos el estado de la masa. Para saber si una masa está lista para pasar al siguiente paso, hacemos una pequeña prueba. Primero, la masa no debería pegarse a la superficie de trabajo. Si se pega con mucha facilidad, seguimos intercalando tiempos de amasado y reposo. La segunda comprobación que podemos realizar consiste en pellizcar un trozo de masa y estirarla con los dedos, como si se tratase de un chicle. Si conseguimos ver pasar la luz a través de la masa, estará en su punto. Puede que se desgarre, pero no pasa nada, siempre y cuando lo haga por el centro de la parte que estamos estirando.

Fermentación. Normalmente se realizan dos fermentaciones: la primera y la última. Antes de comenzar, es importante entender que el tiempo de fermentación dependerá de múltiples factores, como la temperatura, los ingredientes que hayamos utilizado o la cantidad de levadura que tenga nuestra masa.

Para la primera fermentación, formamos una bola mediante la técnica de boleado. Este paso no es imprescindible, pero ayudará a que la masa se desarrolle mejor. Recogemos los extremos de la masa, como si se tratara de un trapo en el que hay una bola dentro, y pellizcamos para cerrar la bola. Le damos la vuelta colocando los pliegues sobre la superficie de trabajo y boleamos la masa. Para ello, con la palma de la mano mirando hacia el cielo, arrastramos nuestra bola desde el exterior hasta el centro, dando así tensión a la masa. Con un movimiento rápido y seco, sacamos la mano de debajo de la masa y repetimos por todos los lados. Obtendremos una bola con la superficie en tensión. La ponemos en un bol engrasado con aceite, colocando la parte tensa de la bola mirando hacia arriba. Tapamos el bol con un plato y damos comienzo a la primera fermentación.

El objetivo de esta primera fermentación es que la masa se desarrolle, se liberen aromas y crezca. Buscaremos que doble su volumen, pero esto no es esencial. Para llevar a cabo esta primera fermentación tenemos dos opciones: guardar nuestro bol con la bola de masa en la nevera durante 24 horas dejando que se atempere dos horas antes de continuar con la receta o, la opción rápida, guardarlo en un lugar cálido durante aproximadamente 2 horas. Si optamos por la opción rápida, guardaremos el bol con la masa en su interior en un lugar alejado de corrientes. El horno es un lugar ideal para llevar la fermentación a cabo. Y, en caso de que haga frío, podemos encender el horno durante 2 minutos para templarlo.

Para la segunda fermentación, sacaremos la masa del bol, presionaremos ligeramente para liberar los gases atrapados en su interior y le daremos la forma final, la cual dependerá de la receta. Una vez formada, taparemos con un trapo de cocina ligeramente enharinado y guardaremos en un lugar cálido hasta que casi doble su volumen. Esta segunda fermentación nos llevará entre 1 hora y media y 2 horas. Pasado este tiempo, nuestra masa estará lista para su cocinado.

Berlinas

- 360 g harina de trigo de fuerza
- 240 ml bebida vegetal de soja
- 60 g azúcar blanco
- 15 g aceite de oliva suave
- 45 g margarina

- 7 g levadura de panadería seca
- ½ cdta. sal
- Relleno: nata montada con chocolate, crema pastelera o mermelada de fresas

PASOS

1. Templamos la bebida vegetal (27 °C) y mezclamos en un vaso con la levadura y una cucharadita de azúcar.
2. Mezclamos la harina, la bebida vegetal con levadura, el azúcar y el aceite en un bol de cocina. Integramos todos los ingredientes con la ayuda de una cuchara o espátula.
3. Amasamos durante 10-15 minutos en amasadora o a mano *(v. pág. 92)*.
4. Añadimos la margarina y la sal y seguimos amasando *(v. pág. 92)* hasta conseguir una masa elástica, suave y que no se quiebra.
5. Engrasamos un molde con aceite, boleamos la masa y la introducimos en él. Tapamos con un plato y dejamos reposar en un lugar cálido hasta que doble su tamaño (aproximadamente 2 horas dentro del horno a 25 °C).
6. Sacamos la masa del recipiente, la estiramos con la ayuda de un rodillo hasta obtener un grosor de 1 cm y formamos las berlinas con la ayuda de un círculo cortador de galletas.

1. Mezclado inicial

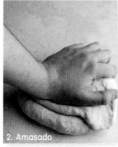

2. Amasado

3. Incorporación de la margarina

Berlinas

4. Reposo

5. Resultado de la fermentación

6. Masa sobre la superficie de trabajo

7. Aplanado

8. Cortador de galletas

9. Formación de las berlinas

10. Inicio de la fritura

11. Fin de la fritura

12. Resultado

13. Hueco para relleno

14. Relleno

7. Colocamos las berlinas en una bandeja de horno con papel de hornear. Dejamos reposar durante 1 hora y media.

8. En un cazo o cazuela, echamos suficiente aceite como para que las berlinas no toquen el fondo al freír.

9. Calentamos el aceite a fuego medio-bajo y freímos las berlinas durante 3-4 minutos por cada lado. La temperatura del aceite debería rondar los 175 °C. Si vemos que se tuestan demasiado, bajaremos la intensidad del fuego.

10. Para terminar, rellenamos con nata, crema pastelera o mermelada.

Idea de relleno: Mezclamos la nata montada con chocolate fundido, mezclamos con movimientos envolventes y guardamos en la nevera durante al menos 8 horas antes de rellenar las berlinas.

Dónuts

- 360 g harina de trigo de fuerza
- 240 ml bebida vegetal de soja
- 60 g azúcar blanco
- 15 g aceite de oliva suave
- 45 g margarina
- 7 g levadura de panadería seca
- ½ cdta. sal
- Acabado: azúcar y canela (1), azúcar glas (2) o chocolate negro y aceite de coco (3)

PASOS

1. Templamos la bebida vegetal (27 °C) y mezclamos en un vaso con la levadura y una cucharadita de azúcar.

2. Mezclamos la harina, la bebida vegetal con levadura, el azúcar y el aceite en un bol de cocina. Integramos todos los ingredientes con la ayuda de una cuchara o espátula.

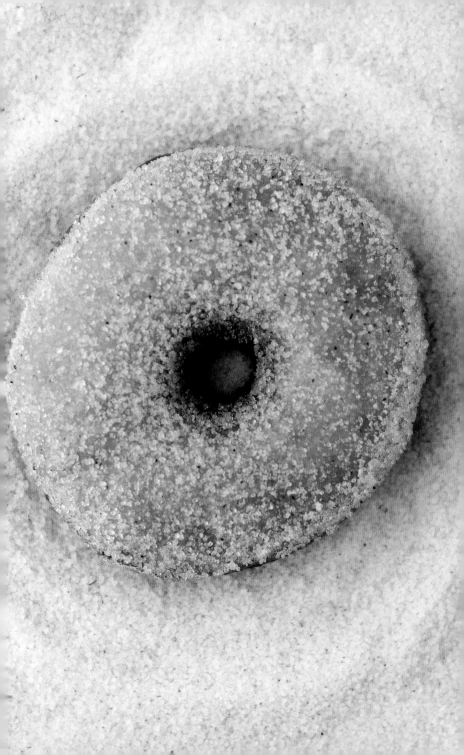

3. Amasamos durante 10-15 minutos en amasadora o a mano (*véase página 92*).

4. Añadimos la margarina y la sal y seguimos amasando (*véase página 92*) hasta conseguir una masa elástica, suave y que no se quiebra.

5. Engrasamos un molde con aceite, boleamos la masa y la introducimos en él. Tapamos con un plato y dejamos reposar en un lugar cálido hasta que doble su tamaño (aproximadamente 2 horas dentro del horno a 25 °C).

6. Sacamos la masa del recipiente, la estiramos con la ayuda de un rodillo hasta obtener un grosor de 1 cm y formamos los dónuts con la ayuda de dos círculos cortadores de galletas (un círculo grande y otro pequeño).

7. Colocamos los dónuts en una bandeja de horno con papel de hornear. Dejamos reposar durante 1 hora y media.

8. En un cazo, echamos suficiente aceite como para que los dónuts no toquen el fondo al freír.

9. Calentamos el aceite a fuego medio-bajo y freímos los dónuts 3-4 minutos por cada lado. La temperatura del aceite debería rondar los 175 °C. Si vemos que se tuestan demasiado, bajaremos la intensidad del fuego.

10. Para terminar, podemos: 1) rebozar los dónuts en una mezcla de 3 cucharadas de azúcar y ½ cucharadita de canela; 2) glasear los dónuts mezclando 4 cucharadas de azúcar glas con 2 cucharadas de agua y bañando los dónuts en la mezcla; o 3) calentar 50 g de chocolate negro y ½ cucharadita de aceite de coco y bañar la superficie superior de los dónuts en el chocolate.

Rollos de canela

- 250 g harina de fuerza
- 180 ml bebida vegetal de soja
- 35 g panela o azúcar
- 30 g aceite de coco
- 5 g levadura panadera seca
- ¼ cdta. sal

- Relleno: 1 cda. canela en polvo, un chorrito de zumo de naranja, 2 cdas. azúcar, 1 cdta. margarina
- Crema de queso: 3 cdas. queso crema vegano, zumo de ¼ naranja

PASOS

1. Calentamos la bebida vegetal durante unos segundos hasta que se temple. Añadimos la levadura, removemos y dejamos reposar durante 10-15 minutos.

2. En un recipiente, mezclamos la harina, la panela y la sal. Añadimos la bebida vegetal con la levadura y el aceite de coco.

3. Amasamos en amasadora o a mano (v. página 92) durante 20-30 minutos de la siguiente manera: amasamos durante 3 minutos, dejamos reposar durante 5 minutos, y así hasta 3 veces. Conseguiremos una masa elástica, suave y que no se quiebra. Si no es así, seguimos amasando.

4. Engrasamos un molde con aceite, plegamos la masa sobre sí misma hasta formar una bola y la introducimos en él. Tapamos con un plato y dejamos reposar en un lugar cálido hasta que doble su tamaño (aproximadamente 2 horas).

5. Mientras tanto, mezclamos todos los ingredientes del relleno.

6. Sacamos la masa del recipiente y estiramos suavemente con la ayuda de un rodillo hasta formar un rectángulo de 50 x 20 cm. Cubrimos el rectángulo con el relleno, enrollamos la masa sobre sí misma y cortamos en trozos de unos 4 cm.

7. Colocamos los rollitos en una fuente engrasada y dejamos reposar durante 1 hora.

8. Horneamos a 180 °C durante 40 minutos.

9. Sacamos del horno y dejamos enfriar. Para dar brillo, podemos pintar los rollitos con una mezcla de 1 cucharada de sirope de agave y ½ cucharadita de agua.

10. Por último, mezclamos el queso crema y el zumo de naranja y distribuimos la crema de queso por encima de los rollitos.

Maritozzo
con nata

INGREDIENTES
(para 4 bollitos)

- 230 g harina de fuerza
- 40 g azúcar blanco
- 40 g compota de manzana
- 120 ml bebida vegetal de soja
- 20 g aceite de oliva suave

- 5 g levadura de panadería seca
- Ralladura de una naranja
- ¼ cdta. sal
- Nata montada (*véase página 32*)

PASOS

1. En un vasito, calentamos la bebida vegetal durante 10-20 segundos hasta que se temple. Mezclamos con la levadura y dejamos reposar durante 10 minutos.
2. En un bol, mezclamos la harina, el azúcar, la ralladura de naranja, la compota y la mezcla del vasito anterior y empezamos a amasar.
3. Amasamos en amasadora o a mano durante 5 minutos y añadimos el aceite.
4. Amasamos durante 5 minutos más, dejamos reposar durante 5 minutos y añadimos la sal.
5. De nuevo, amasamos durante 5 minutos y plegamos la masa sobre sí misma hasta formar una bolita. La engrasamos con aceite y la introducimos en un bol, también engrasado.
6. Tapamos el bol con un plato y dejamos reposar hasta que doble su tamaño (unas 2 horas).
7. Sacamos la masa del recipiente y la dividimos en 5 porciones con la ayuda de un cortador o cuchillo.
8. Plegamos cada porción de masa sobre sí misma hasta formar una bolita.
9. Colocamos las bolitas en una bandeja de horno forrada con papel vegetal, colocando la parte «lisa» de las bolitas mirando hacia arriba.
10. Pintamos las bolitas con aceite de oliva y dejamos reposar durante una hora.
11. Horneamos a 180 °C durante 30 minutos.
12. Sacamos del horno y dejamos enfriar.
13. Realizamos un corte profundo en cada bollo y lo rellenamos con la nata montada.

Babka de chocolate
clásico

- 400 g harina de fuerza
- 75 g azúcar blanco
- 250 ml bebida vegetal de soja
- 60 g margarina

- 7 g levadura de panadería seca
- ½ cdta. sal
- Relleno: 100 g chocolate negro 75 %, 1 cdta. margarina, 1 cda. azúcar

PASOS

1. Calentamos la bebida vegetal durante unos segundos hasta que se temple. Añadimos la levadura, removemos y dejamos reposar 10-15 minutos.
2. En un recipiente, mezclamos la harina y el azúcar. Añadimos la leche con la levadura y mezclamos.
3. Amasamos en amasadora o a mano (*véase página 92*) de la siguiente manera: amasamos durante 3 minutos, dejamos reposar durante 5 minutos, y así hasta 3 veces.
4. Añadimos la sal y la margarina. Amasamos (repetimos el paso 3) hasta integrar la margarina y conseguir una masa elástica, suave, lisa y que no se quiebre.
5. Plegamos la masa sobre sí misma hasta formar una bola, engrasamos un molde, introducimos la masa en él y tapamos con un plato. Dejamos reposar a temperatura ambiente hasta que doble su tamaño (1-2 horas).
6. Mientras tanto, preparamos el relleno. Simplemente mezclamos todos los ingredientes y calentamos en el microondas en intervalos de 20 segundos, hasta que se funda.
7. Sacamos la masa del recipiente y estiramos suavemente con la ayuda de un rodillo hasta formar un rectángulo de 50 cm x 30 cm.
8. Esparcimos el relleno sobre la superficie, enrollamos la masa sobre sí misma y cortamos el cilindro resultante por la mitad, longitudinalmente.
9. Con las dos tiras resultantes, hacemos una trenza colocando el corte mirando hacia arriba.
10. Colocamos la trenza en un molde rectangular o, dándole forma de corona, en un molde para *bundt cake*.
11. Cubrimos con un trapo enharinado y dejamos reposar a temperatura ambiente durante 30 minutos.
12. Horneamos a 180 °C durante 45 minutos.
13. Sacamos del horno y dejamos enfriar.
14. Por último, para dar brillo, podemos pintar con una mezcla de 1 cucharada de sirope de agave y ½ cucharadita de agua.

Babka de calabaza
y chocolate

INGREDIENTES (12 raciones)

- 250 g puré de calabaza (calabaza cocida y triturada)
- 400 g harina de trigo de fuerza
- 30 g aceite de oliva suave
- 100 ml bebida vegetal de soja
- 40 g panela
- 7 g levadura de panadería seca
- ½ cdta. sal
- 50 g chocolate negro

PASOS

1. Calentamos la bebida vegetal durante unos segundos hasta que se temple. Añadimos la levadura, removemos y dejamos reposar durante 10-15 minutos.
2. En un recipiente, mezclamos la harina y el azúcar. Añadimos la leche con la levadura, el puré de calabaza y el aceite y mezclamos.
3. Amasamos en amasadora o a mano (*véase página 92*) de la siguiente manera: amasamos durante 3 minutos, dejamos reposar durante 5 minutos, y así hasta 3 veces.
4. Añadimos la sal. Amasamos (repetimos el paso 3) hasta conseguir una masa elástica, suave, lisa y que no se quiebre.
5. Plegamos la masa sobre sí misma hasta formar una bola, engrasamos un molde, introducimos la masa en él y tapamos con un plato. Dejamos reposar hasta que doble su tamaño (1-2 horas).
6. Sacamos la masa del bol y la estiramos con un rodillo, hasta tener un rectángulo de 50 cm x 30 cm.
7. Extendemos sobre la masa el chocolate ligeramente fundido y enrollamos la masa sobre sí misma.
8. Cortamos el rollo de masa por la mitad, longitudinalmente, y hacemos una trenza con las dos tiras que obtendremos.
9. Con las dos tiras resultantes, hacemos una trenza colocando el corte mirando hacia arriba.
10. Colocamos la trenza en un molde rectangular o, dándole forma de corona, en un molde para *bundt cake*.
11. Cubrimos con un trapo enharinado y dejamos reposar a temperatura ambiente durante 30 minutos.
12. Horneamos a 180 °C durante 45 minutos y dejamos enfriar.
13. Podemos preparar un glaseado mezclando 250 g de azúcar glas y 2 cdas. de aquafaba

Bizcochos
y más

Banana bread

- 250 g harina de trigo
- 3 plátanos maduros + 1 para decorar
- 10 dátiles
- 60 g aceite de oliva suave
- 150 ml bebida vegetal de soja

- 10 g levadura química en polvo
- ½ cdta. bicarbonato de sodio
- ¼ cda. vinagre de manzana
- Una pizca de sal
- Vainilla al gusto

PASOS

1. Ponemos los tres plátanos, los dátiles sin hueso, el aceite de oliva, la bebida vegetal, la sal y la vainilla en el vaso de la batidora. Trituramos hasta obtener una mezcla cremosa.
2. Vertemos la mezcla en un bol y añadimos la harina, la levadura y el bicarbonato.
3. Mezclamos con la ayuda de una espátula o cuchara hasta que la harina se haya integrado por completo.
4. Añadimos el vinagre de manzana y mezclamos levemente con movimientos envolventes.
5. Engrasamos un molde rectangular de 18 cm x 5 cm de tamaño y echamos la mezcla en él.
6. Cortamos un plátano en láminas. Colocamos las láminas sobre la masa.
7. Horneamos a 190 °C durante 50 minutos o hasta que clavemos un palito y salga prácticamente seco.
8. Dejamos enfriar, desmoldamos y pincelamos con sirope de agave para darle brillo.

Muffins
de chocolate

INGREDIENTES
(para 8 *muffins*)

- 275 g harina de trigo
- 110 g azúcar blanco
- 35 g cacao en polvo (sin desgrasar)
- 35 g pepitas de chocolate negro
- 175 ml bebida vegetal de soja
- 30 ml café (cuanto más intenso, mejor)
- 75 g aceite de oliva suave
- 10 g levadura química en polvo
- Vainilla al gusto
- Una pizca de sal

PASOS

1. Ponemos el café, la bebida vegetal, el aceite, la vainilla y la sal en un bol y mezclamos.
2. Añadimos la harina, la levadura y el azúcar. Mezclamos con la ayuda de una espátula o cuchara hasta que los ingredientes se hayan integrado por completo.
3. Incorporamos las pepitas de chocolate y mezclamos suavemente con movimientos envolventes.
4. Forramos moldes para magdalenas con papel de hornear o papel de magdalenas y los rellenamos con la masa.
5. Horneamos a 180 °C durante 30 minutos o hasta que clavemos un palito y salga prácticamente seco.
6. Dejamos enfriar, desmoldamos y espolvoreamos con escamas de sal para potenciar el sabor a chocolate.

Tiramisú
(con bizcocho genovés)

INGREDIENTES (para 6 personas)

Para el bizcocho:

- 110 g harina de trigo
- 70 g azúcar blanco
- 70 ml aquafaba
- 120 ml bebida vegetal de soja
- 30 ml aceite de oliva suave
- 1 cdta. levadura química en polvo
- Un chorrito de limón

Para la crema:

- 140 g aquafaba
- 100 g azúcar blanco
- 500 g crema tipo *mascarpone* vegano (o queso crema)
- Vainilla al gusto
- Un chorrito de limón

Para el montaje y el acabado:

- 60 ml café
- Zumo de ½ naranja
- 1 cda. licor *amaretto* (opcional)
- Cacao en polvo

PASOS

Comenzamos preparando el bizcocho genovés:

1. Por un lado, preparamos un merengue con el aquafaba, el azúcar y el limón *(véase página 35)*.
2. Por otro lado, mezclamos el resto de los ingredientes.
3. Añadimos el merengue a la mezcla anterior y lo integramos con movimientos envolventes. Podemos hacerlo en 2 o 3 veces.
4. Forramos una fuente de horno de 20 cm x 20 cm con papel vegetal, vertemos la mezcla y horneamos durante 25 minutos a 180 °C.

Preparamos la crema:

5. Por un lado, preparamos un merengue con el aquafaba, el azúcar y el limón *(véase página 35)*.
6. Por otro lado, ponemos el resto de los ingredientes en un bol de cocina y batimos con la ayuda de unas varillas eléctricas.
7. Añadimos el merengue y volvemos a batir hasta obtener una crema suave y firme.
8. Guardamos en la nevera durante al menos 1 hora.

Montamos el *tiramisú*:

9. En un bol, mezclamos el café, el zumo de naranja y, opcionalmente, el *amaretto*.
10. Sacamos el bizcocho del molde y lo cortamos en rectángulos.
11. Podemos montar el *tiramisú* en vasitos (raciones individuales) o en una fuente.
12. Colocamos una fina capa de crema en el fondo.
13. Seguimos con una capa de bizcocho previamente empapado en la mezcla de café.
14. La siguiente capa será de crema y tendrá más o menos 3 veces la altura del bizcocho.
15. De nuevo, colocamos una capa de bizcocho empapado.
16. Finalizamos con una última capa de crema.
17. Espolvoreamos cacao en polvo y guardamos durante al menos una noche en la nevera antes de consumir.

A continuación, imágenes del paso a paso de la preparación...

1. Aquafaba
2. Azúcar
3. Merengue resultante

4. Harina, leche, aceite y levadura

5. Mezclado

6. Incorporación del merengue

7. Mezclado

8. Masa aireada

9. Vertido de la masa

10. Preparación del merengue

11. Mascarpone y vainilla

12. Mascarpone y vainilla batidos

13. Incorporación del merengue

14. Resultado de la crema

15. Café y naranja

16. Bizcocho genovés en porciones

17. Porción de bizcocho

18. Bizcocho humedecido

19. Montaje tiramisú, crema

20. Montaje tiramisú, bizcocho

21. Montaje tiramisú, crema

126

22. Capas tiramisú

23. Espolvoreado del cacao

24. Resultado final

127

Bizcocho húmedo
de fresas con nata

INGREDIENTES (12 raciones)

Para el bizcocho:

- 300 g harina de trigo
- 90 g azúcar blanco
- 200 g yogur natural de soja
- 150 g bebida vegetal de soja
- 80 g aceite de oliva suave
- 40 g zumo de limón
- 14 g levadura química en polvo (1 sobre)
- Una pizca de sal

Fresas aliñadas:

- 250 g fresas
- Zumo de 2 naranjas
- 1 cda. azúcar blanco o sirope

Nata montada (*véase página 32*)

PASOS

1. Cortamos las fresas en cuartos y las guardamos en un recipiente junto con el zumo de las dos naranjas y la cucharada de azúcar. Reservamos.
2. En un bol, mezclamos el yogur con la bebida vegetal, el aceite de oliva, el zumo de limón y la sal.
3. Agregamos la harina, la levadura y el azúcar y mezclamos con movimientos envolventes.
4. Engrasamos un molde redondo de 18 cm de diámetro y vertemos la masa del bizcocho en él.
5. Horneamos a 180 °C durante 50 minutos o hasta que clavemos un palito y salga seco.
6. Dejamos enfriar y hacemos agujeritos en el bizcocho con la ayuda de un tenedor.
7. Colamos las fresas y, poco a poco, vertemos el líquido de las fresas sobre el bizcocho, hasta que se absorba por completo.
8. Introducimos el bizcocho en la nevera durante al menos 2 horas.
9. Cubrimos el bizcocho con la nata montada, las fresas aliñadas y frambuesas frescas. Guardamos en la nevera para evitar que la nata montada se derrita.

Muffins de calabaza
integrales

INGREDIENTES (para 6 *muffins*)

- 215 g harina de espelta integral
- 230 g puré de calabaza (calabaza cocida y triturada)
- 100 ml bebida vegetal de soja
- 55 g panela
- 65 g aceite de oliva suave
- 5 g levadura química en polvo
- Una pizca de canela
- Una pizca de sal

PASOS

1. Ponemos el puré de calabaza, la bebida vegetal, el aceite de oliva, la canela y la sal en un bol y mezclamos hasta obtener una mezcla homogénea.
2. Añadimos la harina, la levadura y la panela. Mezclamos con la ayuda de una espátula o cuchara hasta que los ingredientes se hayan integrado por completo.
3. Colocamos papel de magdalenas en moldes para magdalenas y los rellenamos con la masa.
4. Horneamos a 180 °C durante 25 minutos o hasta que clavemos un palito y salga prácticamente seco.
5. Dejamos enfriar, desmoldamos y pincelamos con sirope de agave para darle brillo.

Tartas

Tarta de limón
y merengue

INGREDIENTES (8 raciones)

- 280 g harina de trigo
- 130 g margarina
- 2 cdas. azúcar blanco

- 40 ml bebida vegetal de soja
- Esencia de vainilla al gusto
- Una pizca de sal

Crema de limón:

- 50 ml zumo de limón
- Ralladura de 1 limón
- 85 g azúcar blanco

- 400 ml leche de coco (de lata)
- 30 g maicena
- ½ cdta. agar-agar

Merengue italiano *(véase página 35)*

PASOS

1. En un bol, mezclamos todos los ingredientes de la base con la ayuda de unas varillas eléctricas. De esta manera, conseguiremos una masa quebradiza.
2. Distribuimos la masa de la base en un molde circular para tartas de unos 18 cm de diámetro y presionamos suavemente hasta cubrir la base y 2 cm de altura de las paredes del molde.
3. Realizamos agujeros en la base con la ayuda de un tenedor y horneamos a 180 °C durante 45 minutos.
4. Mientras horneamos la base, preparamos la crema de limón. Mezclamos todos los ingredientes, menos el agar-agar y la maicena, en una cazuela y calentamos a fuego medio hasta que rompa a hervir. Retiramos la cazuela del fuego.
5. En un vaso, diluimos el agar-agar y la maicena en un poco de agua fría hasta formar una pasta e incorporamos a la cazuela.
6. Devolvemos la cazuela al fuego y removemos con la ayuda de unas varillas hasta que la mezcla vuelva a hervir. Cocinamos durante un minuto sin parar de remover y retiramos del fuego.
7. Cuando la crema esté templada, rellenamos la base de la tarta y guardamos en la nevera durante al menos una noche.
8. Por último, decoramos con el merengue. Lo hacemos con la ayuda de una manga pastelera o podemos cubrir la tarta con el merengue con la ayuda de una espátula. Podemos dorarlo con la ayuda de un soplete.

Tarta
de queso

INGREDIENTES
(8 raciones)

Para la base:

- 280 g harina de trigo
- 130 g margarina
- 2 cdas. azúcar blanco

- 40 ml bebida vegetal de soja
- Vainilla al gusto
- Una pizca de sal

Crema de queso:

- 400 g crema de tofu o queso crema vegano
- 135 g azúcar

- 200 ml bebida vegetal de soja
- Un chorrito de limón
- ½ cdta. agar-agar

Coulis de fresa (*véase página 45*)

PASOS

1. En un bol, mezclamos todos los ingredientes de la base con la ayuda de unas varillas eléctricas. De esta manera, conseguiremos una masa quebradiza.
2. Distribuimos la masa de la base en un molde circular de unos 18 cm de diámetro y presionamos suavemente hasta cubrir la base del molde.
3. Realizamos agujeros en la base con la ayuda de un tenedor y horneamos a 180 °C durante 45 minutos.
4. Mientras horneamos la base, preparamos la crema de queso. Mezclamos todos los ingredientes, menos el agar-agar, en una cazuela y calentamos hasta que rompa a hervir. Retiramos la cazuela del fuego.
5. En un vaso, diluimos el agar-agar en un poco de agua fría e incorporamos a la cazuela.
6. Devolvemos la cazuela al fuego y removemos con la ayuda de unas varillas, hasta que la mezcla vuelva a hervir. Retiramos del fuego.
7. Cuando la crema esté templada, rellenamos la base de la tarta y guardamos en la nevera durante al menos una noche.
8. Por último, decoramos con el *coulis* de fresa.

Tarta de manzana
con crema

INGREDIENTES (8 raciones)

Para la base:

- 280 g harina de trigo
- 130 g margarina
- 2 cdas. azúcar blanco o moreno
- 50 ml bebida vegetal de soja
- Una pizca de sal

Crema de vainilla:

- 250 ml bebida vegetal de soja
- 20 g maicena
- 20 g azúcar o sirope
- ¼ cdta. extracto de vainilla o 1 cda. esencia de vainilla

Manzana aliñada:

- 2 manzanas reineta
- Zumo de ½ naranja
- 1 cda. azúcar o sirope
- 1 cda. maicena

PASOS

1. Pelamos las manzanas y las cortamos en rodajas finas. Mezclamos con el zumo de naranja, la cucharada de azúcar y la cucharada de maicena y dejamos reposar.
2. En un bol, mezclamos todos los ingredientes de la base con la ayuda de unas varillas eléctricas. De esta manera, conseguiremos una masa quebradiza.
3. Distribuimos la masa de la base en un molde circular de unos 18 cm de diámetro y presionamos suavemente hasta cubrir la base y unos 2 cm de las paredes del molde.
4. Realizamos agujeros en la base con un tenedor y horneamos a 180 °C durante 45 minutos.
5. Mientras horneamos la base, preparamos la crema de vainilla. Mezclamos todos los ingredientes, menos la maicena, en una cazuela.
6. En un vaso, diluimos la maicena en agua e incorporamos a la cazuela.
7. Llevamos la cazuela al fuego y removemos con la ayuda de unas varillas. Calentamos hasta que rompa a hervir, bajamos el fuego y cocinamos a fuego medio durante 5 minutos sin parar de remover.
8. Cuando la crema esté templada, rellenamos la base de la tarta, decoramos con las rodajas de manzana y horneamos a 180 °C durante 20 minutos.
9. Podemos consumirla fría o templada. Espolvoreamos canela en polvo antes de servir.

Tarta de manzana
sin crema

Base semi integral:

- 120 g harina de trigo
- 60 g harina de centeno integral
- 2 cdas. azúcar blanco o moreno
- 120 g mantequilla vegana (o margarina)
- Una pizca de sal

Relleno:

- 4 manzanas
- 1 cdta. maicena
- ½ naranja
- ½ limón
- 20 g azúcar blanco

PASOS

1. Pelamos y descorazonamos las manzanas. Las cortamos en cuadraditos del tamaño que queramos.
2. En un bol, mezclamos la manzana con la maicena y el azúcar. Rallamos la piel del limón y de la naranja y exprimimos su zumo. Añadimos al bol y mezclamos. Tapamos y lo dejamos reposando.
3. En otro bol, mezclamos las harinas y la mantequilla vegana. Con la ayuda de las manos, mezclamos los ingredientes y amasamos hasta que estén bien integrados. Hacemos una bola con la masa y metemos en la nevera durante 1 hora.
4. Sacamos la masa de la nevera y la dividimos en 2.
5. Hacemos 2 láminas de masa con la ayuda de un rodillo. Las hacemos de mayor tamaño que el molde redondo que vayamos a utilizar, que será de aproximadamente 18 cm de diámetro.
6. Forramos el molde con la lámina de masa de mayor diámetro y rellenamos el centro de la tarta con la manzana aliñada.
7. La otra lámina de masa la cortamos en tiras. Las colocamos encima de la tarta, tanto vertical como horizontalmente, consiguiendo una «rejilla» de masa.
8. Pintamos la masa con bebida vegetal y llevamos al horno durante 50 minutos a 180 °C.
9. Sacamos la tarta del horno y dejamos templar antes de servir.

Nota: Para disfrutarla al máximo, sirve con una bola de helado de vainilla.

Tartaletas
de mandarina

INGREDIENTES (4 tartaletas)

Base semi integral:

- 40 g harina de trigo
- 20 g harina de centeno integral
- 1 cda. azúcar blanco o moreno
- 40 g mantequilla vegana (o margarina)
- Una pizca de sal

Relleno:

- 110 ml bebida vegetal de soja
- 1 mandarina
- 1 cdta. maicena
- ¼ cdta. agar-agar

PASOS

1. Rallamos la piel de la mandarina y exprimimos su zumo (50 ml).
2. En un vaso, mezclamos 10 ml de bebida de soja con el agar-agar.
3. En un cazo, mezclamos la ralladura y el zumo de mandarina, el resto de la bebida vegetal, la maicena y el azúcar.
4. Calentamos la mezcla sin parar de remover, hasta que rompa a hervir. Retiramos el cazo del fuego, añadimos el vasito con agar-agar y devolvemos el cazo al fuego. Seguimos removiendo y, cuando vuelva a hervir, apagamos el fuego y lo dejamos reposar.
5. En un bol, mezclamos las harinas y la mantequilla vegana. Con la ayuda de las manos, mezclamos los ingredientes y amasamos hasta que estén bien integrados. Hacemos una bola con la masa y llevamos a la nevera durante al menos 1 hora.
6. Dividimos la masa en 3 trozos. Con la ayuda de un rodillo y utilizando harina para evitar que se pegue, hacemos láminas de masa extremadamente finas.
7. Cada tartaleta llevará 3 láminas de masa. Pintamos las láminas de masa con sirope de agave y unimos tres láminas, colocando una encima de la otra.
8. Colocamos la masa en moldes redondos de unos 5-10 cm de diámetro. También podemos hacer una única tarta en un molde de mayor tamaño.
9. Con un tenedor, agujereamos la base y colocamos unas legumbres en el centro para que mantenga la forma al cocinar. Cocinamos en freidora de aire o en horno 15 minutos a 180 °C.
10. Retiramos las legumbres, rellenamos las tartaletas con la crema de mandarina y dejamos que se enfríe en la nevera un par de horas. Después, ya podemos disfrutar de las tartaletas.

Galette
de arándanos

INGREDIENTES
(6 raciones)

Masa quebrada:

- 100 g harina de trigo blanca
- 100 g harina de trigo integral
- 95 g margarina
- 1 cda. azúcar blanco
- 40 ml bebida vegetal de soja
- Una pizca de sal

Relleno de arándanos:

- 300 g arándanos
- 1 cda. maicena
- 1 cda. azúcar blanco
- Ralladura de 1 naranja
- Vainilla al gusto

PASOS

1. En un bol, mezclamos todos los ingredientes de la masa quebrada con la ayuda de unas varillas eléctricas. De esta manera, conseguiremos una masa quebradiza.
2. Formamos una bola de masa y enfriamos en la nevera durante 30 minutos.
3. Mezclamos todos los ingredientes del relleno de arándanos y reservamos.
4. Con la ayuda de un rodillo, extendemos la masa sobre papel de horno hasta formar un rectángulo irregular de 0,5 cm de grosor.
5. Colocamos el relleno de arándanos en el centro, formando un círculo.
6. Doblamos los bordes de la masa hacia dentro, cubriendo así una parte de fruta.
7. Pincelamos los bordes con el líquido que habrá quedado en el recipiente del relleno de arándanos.
8. Horneamos a 180 °C durante 45 minutos y la consumimos templada o completamente fría.

Nota: Para disfrutarla al máximo, sirve con una bola de helado de vainilla.

Cuando comencé a escribir este libro, nunca imaginé el viaje que me esperaba. Ha sido un camino lleno de descubrimientos, sabores y emociones que me han llevado a un lugar maravilloso.

Mi objetivo con estas recetas era demostrar que no hace falta renunciar al sabor y la dulzura para adoptar un estilo de vida más sostenible y respetuoso con el planeta y los animales que lo habitan. Quería que cada página de este libro transmitiera el mensaje de que cada elección cuenta, y que nuestros pequeños actos diarios pueden marcar una gran diferencia.

Al adentrarme en el mundo de los postres veganos, me sorprendió la inmensa variedad de ingredientes que se pueden utilizar en lugar de los productos de origen animal. Desde exquisitos postres a base de frutas frescas hasta verdaderas tentaciones con ingredientes como el aquafaba, cada receta ha sido una aventura que he disfrutado compartiendo.

Antes de concluir, quiero recordarte que cada vez que elijas una de estas recetas veganas, estás tomando una decisión consciente y poderosa. Estás contribuyendo al cuidado de nuestro planeta y al bienestar animal.

Así que, mientras cierras este libro, te invito a que no sea un adiós, sino un hasta luego. Sigue explorando la infinidad de posibilidades que ofrece la cocina vegana y comparte tu amor por la comida con aquellos que te rodean.

Gracias por acompañarme en este viaje dulce hacia la sostenibilidad. Con cariño,

Paula